Wer mehr sieht, bleibt ewig

Von Sissi Kutzscher

Book Print Verlag

Wer mehr sieht bleibt ewig

Der Sinn des Lebens ist die Sinnlichkeit

Losgelöst vom herkömmlichen Denken

Betrachtungen
und
Gedichte

Von Sissi Kutzscher

Bilder: Sissi Kutzscher

Ein gesprochenes Wort
Wird bald vergessen sein
Ein geschriebenes Wort
Das mit Bedacht und Überlegung
Zu Papier gebracht
Wird nie vergessen

Von Johanna Scharmer

Bibliografische Information der Deutschen Nationalbibliothek

Die Deutsche Nationalbibliothek verzeichnet diese Publikation in der Deutschen Nationalbibliografie; detaillierte bibliografische Daten sind im Internet über http://dnb.ddb.de abrufbar.

Book Print Verlag
Karlheinz Seifried
Weseler Straße 34, 47574 Goch
http://www.verlegdeinbuch.de

Hergestellt in Deutschland • 1. Auflage 2008

Satz: Heimdall DTP-Service, Rheine, dtp-service@onlinehome

Cover: © Elisabeth Kutzscher, Reischenhart

ISBN: 978-3-940754-27-1

Neue
Lebensenergie
Mit

Wer
Mehr
Sieht
Bleibt
Ewig

Johann Wolfgang Goethe

Ein Mensch der mehr gesehen hat,
und ewig bleibt

Der Geistreiche

Lebenslauf

Sissi Kutzscher wurde 1968 geboren
in einem kleinen Ort in Oberbayern
und ist Mutter von 2 Kindern.
Sie hat eine einfache Schulbildung,
aber bereits schon eine größere Lebensschule hinter sich.
Sie macht ein Selbststudium in Philosophie,
Tiefenpsychologie und Theologie.
Infolgedessen fühlt sie sich berufen,
ihre Erkenntnisse weiterzugeben in Form von Kunst.
Mit Musik, Gedichten und Bildern
drückt sie die Liebe zu den Menschen
und zur Natur aus.

Vorwort

Sissi Kutzscher versucht in diesem Buch den Menschen
wieder das Herz, die Menschlichkeit zurückzubringen.
Sehen Sie wieder mit den Augen des Herzens !

Sie hat es auch allen Künstlern und Menschen
gewidmet, die aus Überzeugung ihre individuelle
Persönlichkeit ausdrücken und sich in kein Schema
hineinzwängen lassen.

Vielen Dank an Johanna Scharmer,

die einen Wegweiser für freie und kreative
Künstler darstellt !

Vorwort

Als diese Frau das erste Mal zu mir kam, sagte sie:
»Kennen wir uns nicht schon?«
Ich lächelte und sagte : »Vielleicht, aus einem
früheren Leben, da hatten wir schon einmal mit-
einander zu tun in Dichter- und Künstlerkreisen.«
Es ist sonderbar, dass sich Menschen treffen
in diesem Leben, vielleicht weil sie gemeinsame
Interessen haben und ähnlich denken,
auch ähnliches schreiben.
Ich glaube, dass es einfach eine Bestimmung ist.
Dass man gemeinsam viel schaffen kann für die
Mitmenschen, damit sie aus der Engstirnigkeit
rauskommen, offener und freier denken und vor
allem wieder menschlicher werden.
Einfach aufeinander zugehen, sich mit netten
und freundlichen Gesten und Worten begrüßen
und miteinander reden.
Wenn der Geist reif ist, kann man sich für viele
Dinge öffnen. Vorausgesetzt, man ist bereit dazu
miteinander Gedanken auszutauschen,
weil sie vom gleichen Ursprung kommen,
von »Oben«. Der Schöpfer aller Dinge dieses Seins
»Gott«. Er lenkt und führt uns auf allen unseren
Wegen. Er bringt die Menschen zusammen,
um Großes zu tun, um den anderen die Augen zu
öffnen, die noch blind sind, blind aus Gier und
Haß, die die Welt fast schon zerstört haben.
Aber Gott sei dank gibt es noch Menschen, die versu-
chen, dies aufzuhalten in Gedanken,
Worten und Taten.

Ich hatte einen lieben Gast,
verständnisvoll und nett.
Worte gleichen Ursprungs sind
gegenseitiges Verstehen.
Viel zu schnell verging die Zeit,
doch Worte blieben zurück
und alles hatte seine Richtigkeit.

Liebe Sissi, alles Liebe und Gute
auf unseren gemeinsamen Spuren
Johanna Scharmer, Kolbermoor, den 28.8.97

Weißt du, daß dies der Geburtstag von
Johann Wolfgang von Goethe ist?

Die wahre Kunst

Freie Phantasie,
die lebendig ist und macht !

Licht als Leben

Wahre Momente

Feurige Wolken am Horizont erscheinen
Des Sommers Glut sie beweinen
Der lachende Mond sich im Augenblick enthüllt
Die goldene Schale sich mit lebendigem Wasser füllt
Seufze nicht, du mein zart zerbrechliches Herz
Du wirst finden mit der Mutter Geduld Edelstein und Erz
Sing mit mir das Lied der Liebe
Wenn nur der Augenblick daran verbliebe
Sing so laut du nur kannst
Herzen erglühen, die du damit gewannst
Geben und nehmen und geben
Das ist das Leben
Lachen und singen
Dass es in der ganzen Welt möge erklingen
Tanzen und springen
Das Böse bezwingen
Die Würze fehlt in des Menschen Sinn
Darüber ich sehr traurig bin
Warum muss man erst in arme Länder fahren
Um zu erkennen unsere eigenen Gefahren
Liederliche Äste der Verwöhntheit sich an unseren Bäumen ausbreiten
Schlingende Pflanzen gefangen nehmen unsere Schönheiten
Was ist es nur, was uns so verwirrt
Ist es die Maske, die den Menschen ziert
Die Natürlichkeit zerbricht
Wir uns lieber im dunklen Schatten aufhalten als im warmen Licht
Der Sonne hellen Schein nicht mehr ertragen
Wir uns mit toten Gedanken herumplagen
Die Langeweile in uns sich gar so fristet
Ich weiß es ! Wenn nur ihr es wüsstet
Immer nach Licht uns begehrt
Um frei wachsen zu können, ansonsten der Tod uns verzehrt
Der Mensch ist eine empfindsame Pflanze
Er ergreift fast nie seine wirkliche Chance
Guter Boden, Nährstoffe und Licht er unbedingt braucht
Und keinen Sicht trübenden Nebel, der aus seinem Munde raucht
Einen schlechten Boden er bereits als Kind genossen
Sich daraus eine brüchige Fassade gegossen
Die wegweisende Führung die Menschen ersehnen
Geborgen und ruhend daran anzulehnen

Der Sumpf des Lebens

Die natürliche Auswahl

Hast du was, dann bist du was
Hast du nichts, bist du nichts

Wie ist das zu verstehen
Man könnte es auch so ausdrücken

Wenn man nichts sucht, wird man
nichts finden
Wenn man sucht, wird man auch
nichts finden

Der Realist

Der Realist ist unbeweglich in seinem Leben
Dadurch seine Glückserlebnisse vergeben
An die Realität
Die Relativität nicht erkannt
In der Welt Schauspiel Schein verrannt
Blind ist sein Gefühl geworden
Der Vogel Gesang verstummt
Der Blumenduft vernebelt
Durch Abgase des Selbsterschaffenen
Das Auge getrübt durch Medienrummel
Der Natur Farben
durch Fernsehen genommen
Seiner Sinne benommen
wird er sein Leben verkennen
und erst bei seinem Tod
der Farben Glanz erkennen

Der Denker

Wie verdreht ist doch dieses Dasein
An allen Enden und Ecken fehlt etwas
Die Unterhaltungen sind seicht und leer
Wo ist der Inhalt?
Herrn Maier und Frau Huber sind ihre
Sorgen und Probleme ins Gesicht geschrieben
Ihre Augen haben ihren Glanz verloren und
ihr Gelache klingt künstlich
Der Sinn des Lebens geht bei allen
solchen vorbei, wie ahnungslos sie doch sind
Das Materielle haben sie sich zum
Lebensinhalt gemacht
Sie haben sich selbst verloren
Um ihrem Gott Geld zu dienen
Wie selbstverlogen sie doch sind
Um nicht ihren wahren Hunger zu zeigen
Vertuschen sie allen mit dem Trugschluss
Im Geld sehen sie Freiheit und Liebe
Sie sind unwissend, es fehlt am Bewusstsein,
was Ihnen wirklich fehlt !
Sie selbst !

Marktlücken

Was ist eine Marktlücke ?
Es gibt unendlich viele Antworten
Wenn man abends in ein Lokal kommt
und in die Gesichter der Menschen schaut
kann man sie bereits erkennen.
Man unterhält sich mit jemandem und in Kürze kann
man seine persönliche Marktlücke erhören
Wenn man die Anzahl der Erdenbewohner errechnet,
weiß man wie endlos viele es gibt
Unsere Gesellschaft ist im Herzen ausgehungert

Warum !

Unser Kampf

Die Geliebte ,die um ihren Geliebten kämpft,
weil er sich von ihr entfernt
Ein Kind ,das um die Liebe der Eltern kämpft,
weil diese nie Zeit haben
Der Krebskranke der sein ganzes Leben gekämpft hat
und selbst kurz vor seinem Tod gegen den Fluss des
Lebens kämpft
Im Krieg , wo kein menschliches Leben mehr geachtet
wird
Im Beruf, für mehr Geld, Freizeit und eine höhere
Stellung
Unser Kampf um Anerkennung , Liebe, Leben,
Prestige und Macht
Wann wird er ein Ende haben ?
Vielleicht, wenn das Wort Intelligenz anders
eingesetzt wird

Fazit Kampf ist immer sinnlos !

Angst

Angst ist unser menschlicher Freiheitskiller !
Wir drehen uns im Kreis,
hat diese erst einmal unsere Gedanken erfasst.
Es ist schwer ängstliche Gedanken
wieder loszuwerden.
Mit welchem Tatendrang, Energie, Erfolg
könnten wir ein wundervolles Leben führen,
wenn wir die Zweifel mit Hilfe unseres Egos
im Keim ersticken.
Es ist schwer, aber zu schaffen.
Wenn uns bewusst ist,
dass wir uns angstvolle Gedanken
selbst erschaffen!

Die Angst vor sich selbst

Tränen, Trauer und stille Wehmut erfüllt mich,
wenn ich das Gesellschaftsgemüt erkenne
Angst vor allem und jedem. Misstrauen, Neid und
Hass gegenüber seinen Nächsten.
Die Menschen schwelgen sich hier auf Pharisäerweise
in ihrem Denken und Handeln.
Falsche Zungen verbreiten, was nicht dem
Herz entspricht!
Die Natur, die Kinder, die Tiere
das sind wir doch selbst
Wir sehen das Schöne nicht mehr!

Das Geschäft mit der Angst

Die Menschen unserer Zeit
sind erfüllt mit großer Angst.
Der Kapitalismus profitiert
extremst davon.
Kosmetikindustrie, Banken,
Versicherungen, Pharma-Industrie
usw. usw. usw.

Aquarium

Ein Aquarium

Zwei Zierfische schwimmen in einem Aquarium
80 auf 60 cm groß
Wie kurios
Sie schwimmen kläglich
Wie lange sie es noch machen ist fraglich
Arges Mitleid steigt in mir hoch, weil sich des Menschen
Geist hier wieder spiegelt
Auch er hat sein Herz verriegelt
Gefangen im engsten Raume seiner Gedanken
Diesen wird er es verdanken
Dass der sich sein Leben lang quält
Dass er kein bisschen Glück erhält
Aber dafür sorgenvolles Geld

Die unterdrückte Seele

Warum kann ich immer nur
Allein das Paradies sehen
Mich packt Wehmut
Weil es so viele nicht verstehen
Ihren unnatürlichen Weg lieber gehen
Es ist alles da, was wir brauchen
Um in ein glückliches Leben zu tauchen
Es ist so, wie es schon immer
Geschrieben steht
Auch wenn die Entwicklung weitergeht Die
Technik als Gott verehrt
Der Seele den Rücken gekehrt
Kapitalismus gepriesen als Götzen
Ihn mehr als unser Herz schätzen

Kapitalismus

Der Kapitalismus misshandelt
und vergewaltigt das Leben.
Die Gier nach Materialismus
Macht und Unterdrückung
macht das Leben verlogen, nicht lebenswert
Konsumdenken in den Gehirnen
der Menschen eingeimpft,
wird sich die Menschheit selbst vernichten!

Wo bleibt bloß die Intelligenz,
wo sich der Mensch von jeher,
immer schon so gebrüstet hat?

Egoismus

Ist absolut sinnlos!
Man verletzt sich dabei nur selbst
Die Natur holt sich ihre Einfachheit
immer wieder zurück
Man kommt nicht gegen sie an
Die Natur ist immer gerecht!
Denn in der ganzen Welt in allem und jedem kann
man sich selbst wieder erkennen.
Den Egoismus den man austeilt
Bekommt man hundertfach zurück
Die Natur holt sich immer ihren Ausgleich,
dass man die Harmonie in sich wiederfindet.
Der entstandene Schmerz ist auch Liebe der Natur,
um auf das richtige Gleis zu kommen.

Das verbundene Leben zu allem

Eine Sprungfeder,
die immer wieder zurückspringt.
Ein elektrisches Netz, verbunden mit allem.
Ein Kartenhaus,
das zusammenfällt,
nimmt man eine heraus.
Der Mensch, verbunden mit vielen
unsichtbaren gewebten Fäden, mit allen
und jedem verbunden in einem Kreis.
Wird ein Faden entnommen
oder zerstört, leidet der Mensch.
Empfindet der Mensch Glück
kommt ein Faden dazu,
oder es fließen die Verbindungen
reibungslos durch seine Taten
und Gedanken.

Der Mensch als Ware

Die Menschen sind hinabgestiegen in ein tiefes
Gedankenniveau.
Ihr Geist spiegelt sich überall wider.
Müllberge, Kinderpornos, Horrorfilme.
Extreme Tierhaltung, Arbeitslosigkeit,
kranke Natur usw. usw.
Angst, Angst und nochmals Angst.
Absicherung bis ins extremste!
Faulheit und Bequemlichkeit bis ins extremste! Keine Zeit mehr haben für die wirklich schönen Dinge
des Lebens, zu hören, zu sehen
und zu riechen.
Das alles kann man bis hinauf in die Politik
beobachten.
Der Mensch hat sich selbst sein Erlebnis
Leben genommen.
»Dumm«
Aber in seinen Augen intelligent!

Die Zeit der weinenden Engel

Ich höre so viele weinende Kinder
und weinende Tiere?
Auch die Natur vergießt bittere Tränen
Ich versuche wegzuhören, kann es nicht
und immer, immer wieder
höre ich Schreie.
Die Menschen, die nur eine dieser Tränen
verursachen, werden brennen
vor Schmerzen und lodern vor
Wunden über sich selbst.

Die Wissenschaft

Wir leben in einer Überfluss-Luxusgesellschaft.
Jeder hat mehr, als er zum Leben braucht
und doch ist fast jeder unglücklich.
Glaubt an die Wissenschaft,
die das Leben noch schöner macht,
verkündet sie voller Begeisterung
und Motivation.
»Stimmt das wirklich?«
Oder hat es jemals gestimmt?

Gegen die Natur

Der Kinderwagen ist eine der
schlechtesten Erfindungen des Menschen.
Ich würde sogar behaupten, er tötet bereits
hier den gesunden Weg
des kleinen Menschen:
Spüren, Wärme und sich selbst auf die eigenen Füße zu stellen,
um vorwärts zu kommen, ist eins der wich-
tigsten Grundbedürfnisse
des kleinen Menschen.
Er wird hier bereits
zur Bequemlichkeit erzogen.

Der Jugend falsch Idol

Bitterer Wein fließt aus des Klages Lied
Saures Blut aus der
Menschen Herz Unwissenheit
Der Betrüger ist der Selbstbetrogene
Gefangen in des Spinnes Netz
Verfängt er sich immer mehr
Durch sein eigen Tatendrang
Kommt nicht mehr raus
Und macht sich selbst das aus
Des Herzens Reichtum verschmäht
Lieber mit dem kalten
Leblosen Geld vermählt
Der Jugend Glanz dadurch genommen
Der Sinn des Lebens weggeschwommen

Ehrlichkeit

Man kann lügen wie man will
Verkündet Hans ganz schrill
Die Natur wird ihn in die Knie zwingen
Und sich damit ihre Ehrlichkeit erringen
Sie will ihm hiermit beweisen
Dass er mit Lügen
Nur wird sich selbst vereisen

Von der

Kaiserin Elisabeth von Österreich

(Sinngemäß wiedergegeben)

Zwei Porzellanfiguren stehen am Kamin
Ich werfe sie zu Boden und stelle fest,
es ist nichts darin
Keinen Geist und keine Seele kann ich finden darin
Es ist kein Herz in den Figuren am Kamin!

Um der Schönheit willen

Mein Wunsch ist es zu haben-
Eine schöne Frau
Um mich zu stellen zur Schau
Gepflegt muss sie sein im äußeren Schein
Die Vergänglichkeit holt mich plötzlich ein
Geblieben ist nur ein Haufen Staub
Meine Ohren waren total taub
Meine Augen blind
Das Glück in den Händen zerrinnt
Kein Wachstum war möglich mit ihr
Sie war nur innen gefüllt mit egoistischer
Gier

Gefangen

In Ketten gelegt ist der Seele Welt
Das Herz eingeschlossen
In einem dunklen Zelt
Welches man hat selbst gewählt
Verkümmert und fast gestorben ist des
Wachstums Kraft
Ausgegangen der wertvolle Lebenssaft
Das Wort ist zum Verhängnis geworden
Hat das Glück geteilt
Und verurteilt zum eigenen Morden

Vergebung

Den Menschen zu vergeben
Ist uns aufgetragen
Schon oft waren wir am verzagen
Und das in allen Lebenslagen
Mein Gemüt ihre Bekümmernis versteht
Ihr Herz eine Erleichterung erfleht

Der Politiker

Auszug aus einem Gespräch

Ein weltlicher Zeitgenosse:

Schweig, du bist von Sinnen
Du willst der Welt entrinnen
Strebst nicht nach der käuflichen Lust
Mensch, ist das für dich kein Verlust?

Ein frohgesinnter Zeitgenosse:

Ach, was scher ich mich um gieriges Geleid
Ich mich lieber an frohen Dingen weid
An Seen, Wäldern, und Bergen
Kann ich größere Gelüste erwerben
In deinen Augen kann ich keinen Regenbogen erkennen
Und du willst dich Krösus nennen?

Weltlicher Zeitgenosse:
Ha, ha du denkst wohl, du denkst
Ich habe studiert an der obersten Fakultät
Und das Volk hat mich gewählt!

Frohgesinnter Zeitgenosse:

Was ist das schon im Vergleich zu lebendigen Dingen
Wo dich niemand kann zu etwas zwingen
Du musst keinem reden nach dem Maul
Die Feigheit nicht einzieht, die riecht so faul

Gedanken - Gedanken - Gedanken

Krank

Vom Scheitel bis zur Sohle
Ist der Mensch erfüllt mit Unwohle
Er macht sich auf den Weg gar dreist
Zum Studienrat Dr. Wegweist
Er wird sogleich kuriert
Mit Pharmaka und Spritz
Das ist kein Witz!
Der Studios stellt gleich
Eine hohe Rechnung
Und wünscht dem Leidenden Genesung
Der Elende noch kränker wird
Sich durch die Medizin noch mehr verirrt
Was ist es bloß, was kann es sein
Was herbeigerufen das Unwohlsein
Ist es mein Herz
Gespeist mit unlauteren Dingen
Jetzt fällts mir ein!
Ich muss wieder lachen und singen!

Innere Kerzen

Die kleinen und die großen Lichter

Je kleiner der innere Reichtum,
desto kleiner das Licht
das leuchtet aus den Augen.
Desto größer der innere Reichtum
(Freiheit),
desto mehr strahlen unsere Augen.
Desto glücklicher sind wir!

Frei zu sein bedarf es wenig
Und wer frei ist, ist ein König!

Erfolg

Wenn mir bewusst
Was ich immer schon gewusst
Schon von Kindesbeinen an
War ich schon ganz nah dran
Schon immer eingepflanzt
In meinem Herzen
Brannten tausende von Kerzen
Die Welt hat versucht sie auszulöschen
Hätt's fast geschafft
Da hab ich's grade noch gerafft
Jetzt brennen fast wieder alle
Ich habe geschworen
Dass ich ihr nie wieder verfalle

Die neue Welt

Im Menschen zu sehen nur das Gute
Und zu wissen, das man es nicht nur vermute
Das fast Erloschene ist entzündet
Wie bereits schon verkündet
Der Stern der Weisen
Erleuchtet neu am Firmament
Was man schon von damals her kennt
Neugeboren wird die Liebe in unseren Herzen
Wie groß wird sein der Lichter Kerzen
Wenn die Welt erhellt in der Liebe Glanz
Wenn neue Seelen sind geboren
Die schon fast verloren
Tränen der Freude wird es geben
Für die, die das Glück erstreben
Die, die sich bemühen
Des Glückes Schmied nicht zu schonen
Denen wird man's reich belohnen

Das geistige Erwachen

Sie haben sich verloren
Im eigenen Überfluss
Zu Stein ist geworden
Und doch kennt jeder seinen Gruß
Alt ist ihr Denken
Wann wird ihr Weg
Sie in die richtige Richtung lenken
Wenn sie wach geküsst durch Liebe
Und nicht durch Hiebe

Glaube

Glaube ist:
Der Glaube an das Glück
Die schönen Dinge des Lebens
An der Liebe
Und der feste Glaube an sich selbst

Sehnsucht aus dem Herzen

Sehnsucht aus dem Herzen

»Augen, Nase, Ohren und Mund
Sind entfesselt«
Ein Herz brennt, im tiefen Ozean
Licht steigt empor
Und glitzert in tausend Farben
» -Schillernd- « im endlosen Blau
Im Einklang des rauschenden,
Ruhigen Meeres ertönt die Möwe
Die salzige Luft lässt Freiheit erriechen
Und weit draußen singen Engel
Das ewige Lied
»Sehnsucht«

Mit den Augen des Herzens sehen

Ich sehe mit den Augen des Herzens
Es entzünden sich darin lichterloh
die Kerzen
Die wahre flammende Liebe darin steckt
In mir die Lebendigkeit weckt

Der Lebensberater

Mein Herz ist mein bester Freund
Als Kind habe ich es schon geträumt
Auf ihn kann ich mich immer verlassen
Darum kann ich den Tag beginnen
Ganz gelassen
Fließe mit dem Strom des Lebens
Und deine Liebe wird sein nie vergebens

Das Geld dient unseren Herzen und nicht umgekehrt

Der Mensch kann sich entfalten
In unsagbaren Weiten
Wenn er entsagt den Schlingen
Der Liederlichkeiten
Sein Herz als Palast geweiht
Der König darin verweilt
Des Herzens Worte und Taten
Sich mit dem Glück verketten
Wir uns selbst vorm Unglück retten
Wir allein unseren König nur noch dienen
Die Treue glänzt in unseren Mienen
Den Dienst des Geldes wir nur noch nehmen
Um unseres Charakters
Reiche Stimmen zu vernehmen

Die Farben der Natur
Die Farben des Lebens

Trauer der Seele

Tränenbäche fließen
Aus meinen Augen,
Wenn ich die wundervolle
Natur erstaune
Und weiß -
Wie viele Menschen
Das Paradies
Nicht mehr sehen

Der schöne und der qualvolle Tod

Der schöne Tod ist:
Wenn man nicht mehr denken kann.
Der qualvolle Tod ist:
Wenn man die schönen Dinge des Lebens
Nicht mehr sieht und will.

Märchenhaft, Paradiesisch

Märchenhaft, Paradiesisch

Ein tiefes Blau, ein leuchtendes Rot,
ein kräftiges Grün, ein schillerndes Gelb
sehe ich, wenn ich durch meinen
Paradiesgarten gehe.
Ich bewege mich wie in einem Bild,
einem gemalten Bild.
Überall ein Blütenmeer.
Wilde Pferde mit schimmerndem Fell,
spielen im Lichtstrahl der Sonne.
Bunte Vögel in allen Farben singen mir,
mir ganz allein ein Liebeslied.
Ein warmer Föhnwind weht mir durchs Haar
und mein weißes Kleid wallt sich.
Ich habe das Gefühl eines Schmetterlings.
Die Bäume sind stark und kräftig gewachsen
und bersten an ihren Früchten.
Aus meinem Elfenbein, Marmor, Gold und Edelstein
gebautem Schloß erklingen Harfen.
Von weitem kann ich das geheimnisvolle Meer erkennen,
das ich so sehr liebe.
Ein zufriedenes Herz freut sich, wenn auf
den Weinbergen die vollen Reben geerntet werden.

Der Geistreiche

Windhauch

Ein tiefer Schmerz durchdringt mein Herz
Verloren ein anderes geliebtes Herz
Wehklagen und Trauer erfüllt meine Seele
Windhauch war meine Liebe
Die einst begann
Vergänglich und nicht beständig
War die Liebe
Die ich kurze Zeit erleben durfte
Sehnsucht ist geblieben
Die aufs neue Erfüllung begehrt
Nur noch einen großen Geist verehrt

Liebeskummer

Mein Herz ist so verdrossen
In der Seele Tränen vergossen
Schwermut erfüllt mich ganz und gar
Entflogen ist des Geliebten Herz
Groß ist der Wahrheit Schmerz
Wie kann ich die Vergänglichkeit besiegen
Um mich dennoch wieder zu verlieben
In den noch nicht erkannten Geist
Des anderen Sein
Gepeitscht von der Vergänglichkeit Pein
Glaube ich die Trauer zu überwinden
Um das Neue zu finden

Die Wiege des Geistes

Des Geistes Sprache sich mir enthüllt
In jedem Wort sich das Leben erfüllt
Entfalten kann sich des Geistes Sinne
Zärtliche Stimmen das Herz gewinne
Fruchtbar wird der Keim des Seins
Wenn man erkennt des irdisch Scheins
Gepaart mit Gier und Neid
Zugefügt sich das eigen Leid
Sich zum Sklaven der Hülle gemacht
Und über die Vergänglichkeit gelacht

Die Warheit befreit

Warheit befreit

Schmerz komm raus, du bist umzingelt
Die Lüge hat dein Herz verriegelt
Den Kummer verdrängt
Er dich in eine dunkle Ecke zwängt
Du musst die schmerzliche Wahrheit
Rausschreien
Damit deine Heilung
Kann gedeihen
Die Wahrheit wird dich
In Zukunft beschützen
Wenn du die Ehrlichkeit
Wirst für immer benützen

Ich höre dir zu

Dein Herz ist so voller Unruh
Du weinst so in deinem Herzen
Dir ist nicht zumute nach Scherzen

Ich höre dir zu

Der Schmerz macht die Liebe für dich tabu
Du weißt nicht mehr ein noch aus
Dein Kummer muss raus

Ich höre dir zu

Mit besinnlicher Ruh
Du liegst in meinen Armen und vergießt bittere Tränen
Du musst jetzt wirklich alles erwähnen

Ich höre dir zu

Und streichle deine Hände immerzu
Ich spüre dein Herz hat sich freier gemacht
Ich habe dir wieder neue Hoffnung gebracht

Ich höre dir zu

Und in deinem Herzen kehrt wieder ein die Ruh
Meine Liebe hat dich befreit
Endlich lachst du wieder
Und bist erfüllt mit neuer Heiterkeit
Du wirst mich deshalb nie vergessen
Wirst mich immer teilhaben lassen an deinen Interessen
Du hast mich vermerkt in deinem Herzen
Für mich angezündet innere Kerzen

Schwerelosigkeit

Die Erde ist schwer! Desto tiefer die Erde,
umso dunkler sind die Farben.
Je weiter ich gen Himmel komme, desto
leichter, schwereloser empfindet meine Seele
ja, desto freier fühle ich mich.

Welch eine Wahnsinnserkenntnis!

Schatten

Hat irgendein Gegenstand keinen Schatten
haben wir den Eindruck,
als würde dieser schweben.
So ist es auch beim Menschen, desto größer
sein Schatten (Unterbewusstsein),
desto belastender, schwerer fühlt er.
Desto kleiner der Schatten,
umso weniger Sorgen er hat,
umso leichter, freier fühlt er sich.

Blumen

In der Wiese der vollendeten Blumen

Ich liege darin, gebettet auf Rosenblätter
hineingefallen in den Duft
von tausend Blumen.
Gedankenverloren, ergeben der Natur
Farbenpracht schwelge ich
in meinen Sinnen.
Durch mich strömt des Glückes Atem.
Vergangenes löst sich auf und fliegt davon
mit einem Schmetterling.
Mein Herz wird frei von der drückenden
Last der verlorenen Liebe.
Ich träume von meiner eigenen Welt, die
das Leben erst lebenswert macht.
Schneeglöckchen, Tulpen und Osterglocken
erinnern mich an den Frühling, dass eine
neue Liebe in meinem Herzen auf die ersten
Sonnenstrahlen wartet.
Sonnenblumen an die Wärme des Sommers
und meines Herzens.
Dahlien in allen Farben an den Herbst des
Lebens, wo ich die Früchte meines Säens
ernten werde.
Schneeblumen an den Winter, wo alles
schläft und darauf wartet
aufs Neue zu erwachen.

Das Blütenmeer

Ich träume in ein Meer von Blumen
Des Alltags Stimmen verstummen
Der Wind weht warm und sanft,
das Meer leicht bewegt
Meine Gefühle extatisch erregt
Die Gischt der Wellen berührt die Haut
Und bedeckt den Körper
mit zarter Blüten Kraut
Der Natürlichkeit Augenblick
in sorgenfreies Glück erhebt
Das Gemüht jetzt sinnlich schwebt

Der Lebensbaum

Das fließende Leben

Wie ein Baum
Der nur Licht braucht um zu wachsen

Wie ein Wasserfall
Den man nicht entzweien kann

Wie ein Vogel
Der einfach nur fliegt ohne zu denken

Wie eine Rose
Die duftet und schön ist ganz von alleine

Wie ein Kind
Das lacht

So ist das wahre Leben
Welches nie vergeht

Der Draht zum Leben

Vögel singen überall
Geräusche des Lebens sind verhallt
Die Wolken malen ein Bild
Mein Gemüt ist wild,
Nach der Frage des Warum?
Alle Welt wird dabei stumm
Stille lässt die Wahrheit erkennen
Der Schönheit - Einfachheit wir nennen
Es kapiert
Und sich nicht im Geist verirrt
Ein Molekül verbunden mit dem Atom
Das ist unser fließender Strom

Innere Führung
(eine wahr, hohe Kunst)

Herz was ist nur los mit Dir
Dass ich mich so verzaudere, so verlier
Gestern erst bin ich verweilt
Unter einem blühenden Holunderbaum
Geküsst vom musischen Saum
Mein Haar verziert mit zarten Blüten
Mein Herz erfüllt mit uralten Mythen
Mir geschenkt des Wortes Schatz
Zu reimen einen erbauenden Satz
Eine unsichtbare Hand mich treibt
Die Feder wie von selbst sich schreibt
Der Geist sich mir in Fülle zeigt
Sich vor mir der Himmel neigt
Der Liebe Geheimnis sich mir gibt Preis
Stimmen flüstern mir zu ganz leis
Die innere Führung erlangt
Die hohe Kunst nicht mehr wankt

Die Nachtigall im Frühling
Der Gesang des Vogels
Der Paradiesvogel

Frühling

Der Frühling hat begonnen
Von der Farben Pracht erhellt
Des Herzens Eis zerronnen
Das Liebeswerben neu dargestellt
Des Pfaues Rad aufgeschlagen zeigt
Er sein schönstes Kleid
Der Nachtigall Gesang vernahmen
So schön wie zu keiner Zeit
Des Vogels Stimmen das Herz erlaben
Die Seele berührt und das Innerste verführt
In grünen Auen ausgeruht
Zu erkennen - und zu schöpfen neuen Mut

Der Traummann

Der Traummann

Oh führe mich in dein ruhiges Tal
So ohne Hast und Qual
Nimm mich mit in deine
Immer schöne Heimat
Wo es nicht gibt Gier und Verrat
Lass mich deine starken Hände spüren
Lass mich deine große Seele verführen
Du hast in deiner Jugend
Schon Weisheit erlangt
Dadurch dir nicht Angst und bangt
Dir ein sturmfestes Fundament gebaut
Und deinem Herzen vertraut

Schwach zu sein

Oh, du unwiderstehlicher Mann
wüsstest du doch
Dass ich in dein Herz schauen kann
Du spielst mit mir des Balzspiel
Und hoffst doch, das ich ihm verfiel
Deine Stärke habe ich gespürt
Deine Fassade hat meine Augen verführt
Mein Fleisch ist so schwach
Ich muss unbedingt bleiben wach
Im Gespräch haben wir
Das Wachstum erweckt
Neugierig, welche Frucht darin steckt
Ein edler Freund du mir
Dann trotzdem bleibst
Wenn du Inneres dir anverliebst

Flammen

Ich fühle mich so hingezogen zu dir
In meiner schwachen fleischigen Begier
Wenn ich daran nasche
Bleibt nur des Brandes Asche
Die geistige Frucht erst wachsen muss
Als kräftiger Stamm
Und nicht sein ein unschuldig Lamm
Das bewusste Wissen zur Hilfe genommen
Des Berges Spitze dann erklommen
Das Feuer des Herzens ewiglich geschürt
Der Geist uns für immer zusammen geführt

Laue Sommernacht

Ein klarer Sternenhimmel
Und süßes Mondlicht spiegeln
Sich im ruhenden See
Fruchtiger Wein unsere Gaumen erfreut
Verweilt im kräftigen Klee
Der Verliebtheit Duft sich ausbreitet
Unsere Worte verleitet
Des Wassers Wellen deinen
Anmutigen Körper umspielen
Meine Sehnsüchte sich darin verfielen
Ach, du schöner Athlet
Du hast mir den Kopf verdreht
Dein weiches Lächeln hat mich so verführt
Hat meines Herzens Flammen geschürt
Was mach ich bloß
Meine Sehnsucht ist schon so groß

Freiheit

Wahre, warme Freude breitet sich aus,
für eine große Seele die sich öffnet
Glück, Verehrung und Entzückung
lässt mein Herz erleuchten,
für einen so wundervollen Menschen

Verliebt

Süßer Wein fließt aus dem Mund
Reiche Worte sich geben kund
Weiche Berührungen wie Seifenblasen
Auf der Haut zergehen
Er in mir und ich in ihm,
Oh, flammendes Leben
Mit der Augen liebkosenden Gewalt
Verschmolzen in eine ganze Gestalt
Sich mit streichelnder Feder Zärtlichkeit
Begeben in des Herzens Ewigkeit
Zusammengeflossen in gemeinsamen Worten
Eingegangen in die engen Himmelspforten

Der Keim der Liebe

(Und wie man ihn zum Wachstum bringt)

Schatz, du bist mein Leben
Du bist meine Zuversicht
Was bist du nur für mich?
Glück und Freude, Lachen und Liebe
Unseres Herzens Wiege
Die Liebe in unseren Herzen webt
Der Boden unter unseren Füßen bebt
Unsere Zärtlichkeit uns in Sehnsucht vereint
Die Frucht ist aufgegangen, die in uns keimt
Der Wahrheit Offenheit
Uns unseren gemeinsamen Weg zeigt
Diesen Weg werden wir nie verlassen
Unsere Liebe wird deshalb nie verblassen
Ins Land des Lächelns trägt uns unsere Zuversicht
Unser Herz erglüht in Liebe und Licht

Ich mache dir ein neues Leben
Ich werde dir dafür mein Innerstes geben
Halte es in Ehren
Und das Glück wird dir nichts verwehren

Die ursprüngliche Frau

Sinnlichkeit

Ich tanze für dich die Sinnlichkeit
Im Kleide der wehenden Winde
Der Innerlichkeit
Mit den Augen eines Kindes verspielt
Und so romantisch leicht
Eine ausdrucksvolle Harmonie erreicht
Die Bewegung im Einklang
Der Liebe gebracht
wie eine Feder Schwebend
und sich nichts gedacht
Nur Liebe von einem ausgeht
Als strahlender Schein
Geleitet vom göttlichen Sein

Das weiße Pferd

Ein weißes Pferd kommt auf
den Wellen des Sees gelaufen.
Sein Fell glänzt wie Elfenbein
und seine Mähne gleicht Perlenketten.
Sein Schweif ist aus Hunderten von
Goldfäden und seine Augen
strahlen wie Bergkristalle.
Die sanften Wellen schmeicheln seinen
zarten Hufen. Die Weherufe seines Herzens
wollen verschmelzen mit einem anderen
Sein. Instinktiv läuft es hinauf, hinauf in
die Schlucht der funkelnden Sterne. Ein
Blitz trifft das erhabene Tier als es in die
tiefschwarzen Augen eines
schwarzen Hengstes hineinfällt.
Im gegenseitigen Blick ertrinken
sie in unendlicher Tiefe.
Der Mond lässt seinen wärmenden Strahl
auf die Liebenden sinken.
Als sie vereint, vereint im ewigen Glück.

Der Schwan

Ein Schwan schwimmt
Majestätisch auf dem See
Sein Kleid so weiß wie schimmernder Schnee
Graziös er sein Haupt erhebt
Er sich gar königlich bewegt
Edel und fein - ein vollkommenes Tier
»Allein«
Der Natur schönste Zier

In der Bar

Ja, was kommt da für
Ein wundersames Wesen
Der Ober schaut auf vom Tresen
Kein künstliches Haar an ihr
Ihr Wesen mit feiner Manier
Ihr Gesicht nicht die Maske ziert
Der Männer Herzen verwirrt
Ein Duft von Geborgenheit
Und Ursprünglichkeit von ihr ausgeht
Selbst die Frauen haben sich umgedreht
Aufgescheucht wie die Hyänen
Dazu noch mit dünnen Mähnen
Erweckt die männliche Begier
Gefolgt von einer schleimigen Schmier
Keiner kann ihre Seele erlaben
Nur wenige können Ihr Herz auf dem
Gesicht tragen

Musik

Musik

Geigen und Harfen
Ist die Musik
Der klingenden Herzen
Engels Gesang berührt unsere Seele
Der Geist wird lebendig
In diesem vollkommenen Augenblick
Der Sinne
Und das Reich der Gefühle
Schwingt dazu im Einklang

Das Herz als Instrument

Als Instrument bin ich geschaffen
Um zu spielen aus meinem Innersten
Das schönste Lied
Der Geist darauf spielt
Der Geist sich darauf geübt
Und dabei auch manches mal betrübt
Ist die Musik vollkommen
Hat die Welt die heilenden
Klänge vernommen

Himmel

Ein Himmelbett gebaut aus Wolken
So wohlig warm aus lauter Watteflocken
Schwelgend getragen von des Windes Wogen
Engel fliegen vorbei in ihren goldenen Logen
Geistige Musik versenkt in liebkosende Pracht
Die reichen Klänge uns das Glück gemacht
Hinunter geschaut auf die Erdenwelt
Die Torheit sich plagt mit Macht und Geld

Schicksalsmelodie

Auf den Schwingen des Adlers emporgehoben
In des Geistes Philosophie
In mir ertönt die Schicksalsmelodie
Das alte Lied in Demut hingenommen
Der alten Klänge Inhalt vernommen
Verstanden des Klanges Lied
Mir mein Schicksal verriet
Losgelassen tönt es leis aus meinem Herzen
Hierfür gibt es keine Parodie, nur neue Terzen
Des Winters Kälte vergangen
Des Frühlings Stimmen mein Herz verlangen
In des Sommers Hitze Tagen
Und in des Herbstes Früchte getragen

Der Regenbogen

Regenbogen

Der Regenbogen in mir erscheint
Licht und Schatten gänzlich vereint

Das Äußere und das Innere sich auflöst
Zusammengeflossen und erlöst

Regen und Sonne sich geben die Hand
Welch fantastisches Band

Das Spiegelbild es nicht mehr gibt
Und keinen Schatten
Wenn man nur noch liebt

Der Seelsorger

Das Tor zum Glück

Sind Worte und Taten aus meinem Herzen
Ich weiß, dies werde
Ich mir nie wieder verscherzen
Das Buch der Ewigkeit
Wird mir dabei dienen
Zu erkennen die schwärzesten Mienen
Ein Meister zu werden in diesem Leben
Und dabei mein Bestes zu geben
Zu studieren dieses Sein
Und im Herzen werden rein
Dies ist mein ewiglich Ziel
Das zu erreichen ist sehr, sehr viel
Denn wenn man geht, hinterlässt man nur
Die Spuren der Liebe

Anerkennung

Die Sucht nach Anerkennung
Drängt in uns, nach Nennung
Uns nicht bewusst
Uns ergreift der Frust
Die schönste Anerkennung
Die uns liebt ist die
Die uns das Leben selber gibt
Zurück kommt der Liebe Menschlichkeit
Im Spiegelbild eigener Innerlichkeit

Heimat

Kennst du

Kennst du das Tal
Wo im Sommer noch die Kühe weiden
Die Bauern noch
Mit ihrer Hände Arbeit ihre Zeit vertreiben
Wo vor den Fenstern noch
Die schönsten Geranien blühen
Wo gemütliche Leute sich noch
Am Lachen und Singen können erglühen
Wo die Tiere noch
Kriegen ihre Steicheleinheiten
Wo es nicht gibt kleinliche Streitigkeiten
Wo man sich noch gerne die Hände gibt
Da, wo man die Natürlichkeit noch liebt

Auf Berges Höhn

Auf Berges reiner Luftes Höh'n
Mein Herz sich füllt mit strahlendem Glühn
Der Bergsee so klar und rein
Die Ruhe mich erlabt gar fein
Der Almrausch meine Sinne betört
Auch nicht der Schrei des Bussards mich stört
In den saftigen Wiesen so herrlich grün
Sich meine Seele löst gar kühn
Des Gamses Sprungeskraft
In mir weckt die Leidenschaft

Im Wald

Auf den Berg ich mich begab
Im Wald die Bäume so uralt
Grüne samtige Mooshügel
Sich meinem Augen hingeben
Mein Körper begehrt darüber zu verleben
Meine Fantasie sich in mir rührt
Neues zu erstreben
Den Menschen zu schaffen neues Leben

Der schlafende Engel

Engel

Du liegst im Bettelein
Dein Gesicht noch so klein
Deine Wangen so voll und rund
Ich möchte keine Zeit mit dir missen
Keine Stund
Dein kleines Herz, wie Engelsflügel schlägt
Das geborgene Herz das dich trägt
So viel wahres Leben in dir
Unser gemeinsames Lebenselixier
Ich in dir und du in mir
Das ist unser ewiglich Zier

Über den Schatten springen

Deine Mauern will ich einreißen
Du mein verinnerlichtes Kind
Dass ich den Schlüssel zu deinem Herzen find
Herauszulassen deine wahre Kraft
Die in dir verschlossen
Dir so zu schaffen macht
Unsere gemeinsame Torheit in Liebe
Zu besiegen
Wachstum als Belohnung
Wir dafür kriegen

Talent

Du hast mir deine Kraft gezeigt
Dein Weg sich in diese Richtung zweigt
Zu fahren auf deinen eigenen Schienen
Das wird dir und den Menschen dienen
Aus Überzeugung diesen Weg zu gehen
Um der Nachwelt zu hinterlassen
Was wird nie vergehen

Die Sinnlichkeit der Natur

Der 2. Frühling

Hitze steigt mir in den Kopf
Habe mein Leben lang nur gekocht
In demselben Topf
Versäumte Gedanken kommen
Mir in den Sinn
Wo ist des Lebens Gewinn?
Habe mir nie Zeit genommen
Für sinnliche Eigenheiten
Habe mich gequält
Mit belanglosen Kleinigkeiten
Es versucht recht zu machen jedermann
Darum kam ich nie
An die wirklich schönen Dinge heran

Abendstimmung

Abendstimmung

Die Abendsonne hat sich gesenkt
Das Purpurrot durch die Bäume noch drängt
Der erste Stern sich schon zeigt
Der Duft von gemähtem Gras aufsteigt
Die Grillen stimmen an
Ein fröhlich Gesang
In der Abendstimmung mein Gemüt versank
Des Schlafes Macht mich überfällt
Der Traum mir die Nacht erhellt
Gar lustige Gestalten
Mich in mein Herz mitgenommen
Ich kann es sehen ganz verschwommen
Sie tanzen in mir gar fein
Im ergreifenden, hellen Mondenschein

Die Reise ins Licht

Fernweh

Ich sehne mich so nach der Ferne,
nach dem warmen Strahl der Sonne.
Nach dem wärmenden Lachen der
braungebrannten Sonnenkinder.
Nach dem Duft der einheimischen Küche.
Nach endlosem Spüren und Erspüren.
Ach, wie sehne ich mich danach,
wenn ich aus dem Fenster blicke
und die eisige Schneekönigin
im April noch ihr weißes Kleid trägt.
Kälte ergreift meine Glieder.
Selbst mein Herz,
kann diesen Augenblick nicht erwärmen.

Vielfalt - Wunder - Schöpfung

Das Wunder der Schöpfung

Du bist die Nelke
Ich bin die Lilie
Du bist die Eiche
Ich bin die Buche
Du bist die Sonne
Ich bin der Mond
Dein Gesicht ist schwarz
Mein Gesicht ist weiß
In jedem Geschöpf den Schöpfer zu ehren
In seiner einzigartigen Schönheit

Die Wunder der Natur

Die Kraft der Natur

Ich fühle eine Wahnsinnskraft
Wellen schlagen bereits
Um den lebendigen Saft
Ein Meeresgigant sich bereitet
Aus der Tiefe zu springen
»Der Atem stockt«
Die Energie lässt sich nicht bezwingen
Wie ein Vulkan, der in mir ausbricht
Ist die Waleskraft
Dass mir das Gefühl verinnerlicht
Die Natur ist voller Wunder selbst bei der
Hässlichsten Flunder

Geheimnisvolle Welt

Ich tauche mit dir in die Meerestiefe
Ertrunken ich diese prachtvolle Welt genieße
Lebendiges Wasser sich mir auftut
Mir lässt fast stocken des Herzens Blut
Ein Delphin uns mitnimmt
In die Meeresfauna
Uns verrät der Welten Karma
Geborgen in unendlicher Weite
Sich in mir Wärme ausbreite
Vergangenheit wir
Auf dem Meeresboden erkennen
Ewige Gefühle in uns jetzt brennen
Das alte Geheimnis neu entdeckt
Das sich hatte so lange versteckt
Glücklich wenn wir es ans Tageslicht bringen
Wir in der Welt Ruhm erringen

Als Mensch bin ich geboren

Als Mensch bin ich geboren
Und schon bin ich verloren
Meine Seele gibt mir Kraft
Sich immer neuen Hunger verschafft
Der Seele Reichtum erkannt
Daraus ein goldenes Schloß erbaut
Innen ausgeschmückt mit wertvollen Dingen
Ein glückliches Herz, wenn es hineinschaut
Erhabene Stimmen schön daraus klingen
Ein heller Geist kann sich verbergen
In einer unscheinbar Gestalt
Eine schöne Fassade ist meist innen kalt
Nur ein großer Geist kann bleiben ewig
Der Nachwelt in Erinnerung geblieben selig

Energie tanken, aufladen

Enthusiasmus

Orange und gelb ist die Farbe
des Enthusiasmus.
Blau und schwarz für das Gegenteilige.
Das menschliche Gehirn
kann man symbolisch
mit einem Pferd vergleichen,
wo eine Kuckucksuhr befestigt ist.

Der Schatz

Ganz tief muss man graben
Und dabei nie verzagen
Um den wertvollen Schatz zu heben
Zu viele bleiben an der Oberfläche kleben
Mit viel Schweiß und Müh
Durch der Hände Kraft
Man sich den Reichtum verschafft
Um rauszuholen den schönsten Gewinn
Muss man erst wissen
Dass sich so vieles
Verbirgt darin
Den Unrat weggeschafft
Kommt nun heraus
Die wertvolle Kraft

Die ursprüngliche Bestimmung

Unsichtbare Hände mich nach oben ziehen
Mir die innere Kraft verliehen
Mir ist, als bräuchte ich meine Hände
Nur auszustrecken
Um die fließende Energie
In mein Inneres zu lenken
Berge kann ich versetzen
So kommt es mir vor
Der wahre Glaube tritt vom Himmel hervor
Verschüttete Talente ihre Erlösung
Endlich bekommen
Trotzdem ist meine Stimmung
Eher beklommen
Die ganze Menschheit es hat
In ihren Herzen drin
Aber nur wenige ihre natürliche Identität
Herausfinden als Gewinn !

Ruhelos

Ruhelos ist der Seele Weg
Schmal dabei der echte Steg
Der Gesellschaftsgeist
Diesen nicht mehr versteht
Wenn man das eigen Individuum geht
Kämpfen um der Eigenheit willen
Erst dann wird sich der Durst stillen
Die Liebe dem Leben geben
Dann wird man
Des Glückes Echo vernehmen

Die Kraft der Natur im lebendigen Wasser

Die wahre Stärke und Kraft

Zu durchblicken die Natur
Dann kommt die Weisheit zu dir ganz pur
Darüber zu stehen durch Wissen
Nicht mehr sein so verbissen
Vertrauen zu sich selbst
Und keine Zweifel haben
Das wird dein Herz erlaben
Den Menschen seine Gedanken zu erkennen
Dann wird man endlich wieder
Einen Helden nennen
Wachsam sein in jedem Augenblick
Und nicht über seinen Gedanken schlafen
Das ist der Trick

Weisheitslehren

Ich weiß, dass ich ein Wunder bin

Ich weiß, dass ich gesund bin

Ich weiß, die Natur ist Liebe pur

Ich weiß, alles zu lieben
was mir passiert

Ich weiß, dass ich bald noch
mehr weiß

Ich weiß, natürliches Wissen ist
die größte Kraft
und Macht die es gibt

Die Welt - Das Universum - Das All

Leichtigkeit

Bunte Farben durchdringen meine Augen,
eine Märchenwelt lässt mich tief in eine
Glückseligkeit sinken.
Ein Komet leuchtet hell am Horizont.
Sein greller Schein lässt zurückblicken
-Tausende Jahre - Lichtjahre -
so kommt es mir vor. Und doch überfällt
mich das Gefühl der Nähe und Wärme,
wenn ich hineinfalle mich hingebe, diesem
ergreifenden leuchtenden Naturereignis.

Erlöst

Zweifel ist der Angstesmacht
Stunden mit Gedanken damit verbracht
Mit der Schönheit Fantasie
Erlöst - der Seele Magie
Freiheit ist dafür der Welten Lohn
Heranzuwachsen wie ein guter Sohn
Die segensreiche Ernte eingebracht
Und ein fruchtbringendes Erbe vermacht

Gefühle

Der Natur Schauspiel
Gewalt mich zutiefst ergreift
In Richters Gestalt die Ewigkeit gereift
Des Menschen Maske sich verliert
Die Schafe gefunden, die sich verirrt
Ewige Ruhe durchfließt meine Brust
Und des Geistes poetische Lust
Frieden und funkelnde Sterne
In meiner Augen Glanz
Des Gemütes sinnlicher Tanz
Gespiegelt in der Gedanken Macht
Stunden der Reinigung
Damit verbracht

Die Macht der Gedanken

Meine Gedanken haben sich
Auf den Weg gemacht
Hinauf in die dunkle Nacht
Sie folgen dir bis zu den Sternen
Das Universum sie uns lernen
Ewig rollende Räder der Zeit
Uns begleiten in die Ewigkeit
Aus der Melancholie der Nacht
Ein hoffnungsvoller Morgen erwacht

Allein

Allein fühle ich mich auf eigenartige Weis
Und doch höre ich Engelsstimmen ganz leis
Schmerzlich Leid schleicht sich ein
Um der Beharrlichkeit Dauer
Wartender zu sein
Der Hoffnungs Schimmer mich erfüllt
Zärtliche Liebkosung mein Herz ersehnt
Gedrängt vom Wind
Und dann wieder verweht
Die Sehnsucht nach harmonischem Ruhm
Und gemeinsam fließendes Wachstum

Das Ganze geteilt
in männlich und weiblich

Eine unaufhaltsame Evolution

Verurteilt sind wir zu unaufhaltsamen Wachstum.
Geteilt um zu werden wieder ganz auf der ruhelosen
Suche nach sich selber. Haben wir wieder etwas gelernt
wachsen wir wieder. Alles was uns im Leben passiert dient
uns dazu weiter zu wachsen. Die Erde ist die Mutter, der
Samen der Vater, die Frucht das Kind. Die mentalen
Nährstoffe gibt die Mutter. Der Vater die Gesetze und die
Kraft. Dass Energie frei fließen kann, braucht man
Harmonie (Liebe), die vorher zu einem Ganzen
zusammengeschlossen wurde. Darum fühlen wir uns
immer einsam, weil uns Teile vom Ganzen abgehen.
Wenn wir wieder etwas dazu gelernt haben, kommen wir
dem Ganzen wieder etwas näher. Teilt man ein Ganzes,
werden Magnete frei, die immer wieder danach streben
ein Ganzes zu werden. Nur harmonische Dinge können
uns eine Erfüllung geben. Das Wachstum sucht sich
immer seinen Weg, wie ein Baum der wächst.
Wird er daran gehindert verkümmert oder stirbt er.
Die Seele ist die Mutter (Natur)
Das Wort ist der Vater (Samen, Schöpfer)
Diese vereint ergeben die Frucht, das Kind
Also unsere eigene Schöpfung und
wiedergespiegeltes Leben. Unser Wachstum und unsere
Entwicklung Das Wort sind unsere Gedanken, die wir
täglich im Kopf haben. Wichtig ist es hier, immer saubere,
gute Gedanken und Worte zu hegen, einen sauberen
Wortschatz wieder zu geben.
Das erfordert hartes Gedankentraining und Geduld
um gute Früchte zu ernten und gute Kinder
heranwachsen zu lassen.

Das Ziel

Die Seele ist der Natur Schöpfer Kraft
Das Geteilte sich durch Trieb
Wachstum verschafft
Um zu werden wieder ganz
Unser ewiglich erlösender Glanz
Eins zu werden in Tag und Nacht
Endlich frei wird des Schöpfers Pracht

Das Lebensspiel

Das Leben ist ein einzig Spiel
Verwegen in des Spielers Leidenschaft verfiel
Erweckt durch Traum und Wirklichkeit
Das lernende Schicksal
Uns gibt die Möglichkeit
Beginnt das Spiel von Katz und Maus
Gleichmut erfasst den Jäger, oh Graus
Wenn sich die Maus fangen lässt
Das gibt der Katze schon den Rest
Gewiss ist ihr der Tod
Die Rettung sieht sie in ihrer Not
Sie müsste ihre Torheit besiegen
Dann wird sie der Jäger niemals kriegen

Relativ

Es gibt kein Individuum,
welches das Gleiche sieht.
Jeder sieht das Gleiche anders
und doch ist alles gleich.
Es gibt zwei große Wege.
Der erste, wo jede Sichtweise
in den eigenen Abgrund führt.
Der zweite, bei dem jede Sicht
weiser, freier und bewusster macht.
Die zwei Wege teilen sich.
Der eine ist für die Natur.
Der andere ist gegen die Natur.
Die Natur sucht sich immer
ihren Ausgleich egal wie!

Das Wachstum der Seele
die Farben der Seele

Die Natur ist die Liebe

Unsere Seele ist die Natur.
Der Geist und der Körper
dienen ihr dazu zurückzufinden
zu der Natur.
Erst dann kann die Seele wachsen.
Schmerz und Leid empfinden wir,
wenn sich unser Weg gegen die Natur verfehlt.
Kapieren wir es dann immer noch nicht
zeigt uns unser Körper
den symbolischen Verzicht.
Der Geist kann so groß sein
wie die ganze Welt!

Missbrauch des eigenen Lebens

Missbrauchst du die Natur
Da bleibt die Mutter stur
Gibst du ihr
Für das was sie dir gibt, keine Liebe
Bekommst du von ihr zurück
Schmerzliche Hiebe
Sie bestraft den Dieb gerecht
Ihm geht's dabei in der Seele schlecht
Mutter Natur gibt alles selbstlos in Liebe
Du missbrauchst sie mit deinem nimmersatten
Gierigen Triebe

Was man sät
Wird man ernten

Welche Wahrheit

Welche Verbindung mit der Natur

Welche Verbindung zu
unseren Gedanken und Taten

Das Buch mit den sieben Siegeln

Zu öffnen gilt es die sieben Siegel
In unserem Herzen
Die sieben Gesetze der Natur zu verstehen
Man wird alles
In einem großen Licht dann sehen
Eingekehrt in großer Wahrheit
Zurückzugehen ins eigentliche Sein
Frieden kehret endlich ein

Die sieben inneren Stationen zum Glück

Des Herzens Last es nicht mehr gibt
Der Tag hat über die Nacht gesiegt

Lebensatem sich verbindet
Mit Nährstoff und Licht

Der Natur Same aufbricht

Sterne in mir aufgehen
Die mich leiten für das Geschehen

Lebendige Wesen, Menschen, Tiere und
Pflanzen verbunden mit der Welt sich in
Mir tummeln
Sich bewegen, wie emsige Hummeln

Der Mutter Erde in Liebe zu dienen
Glück erstrahlt in freudigen Mienen

Vollbracht! Das Paradies ist gemacht
Ruhe kehret ein
Heraus kommt das wahre Sein!

Im greisen Alter

Müde

So müde von der Alltags Last
Ohne Ruh und Rast
Im Leben schon so vieles getragen
Immer wieder aufgestanden
In des Geistes Plagen
Das Gemüt ergeben wie ein alter Greis
Sehnsucht nach der Ewigkeit Lichterscheins
Die eigene Welt sich selbst erschuf
Die Früchte schon geerntet um zu folgen
der Heimat erlösendem Ruf

Der Tod

Macht man sich Gedanken darüber
überkommt vielen
kalter Schauder und Angst.
Man kämpft, man will festhalten
nur nicht sterben.
Man hat doch noch gar nicht richtig gelebt.
Wirkliches Leben bedeutet,
den Zustand des Todes erreicht zu haben.
Aber wem ist das wirklich bewusst,
wie schön es dann sein kann.
Der Tod ist immer ein neuer Anfang.

Nachwort

Viele Menschen gehen
einen schmerzlichen Irrweg.
Der mit Unzufriedenheit, Unglück
und Krankheit endet.
Sie lassen dabei ihre Seele,
ihr Herz im Stich.
Sie brauchen so viel Liebe!
Dieser Band soll helfen, zu dieser Liebe
und zum eigenen Glück zu finden.
Die Autorin beschreibt hier
ihr eigenes Wachstum,
das ihr so viel Glück gebracht hat.